PREMIO CERVANTES

CONSTANTINO MOLINA

PREMIO
CERVANTES

RENACIMIENTO

© Constantino Molina
© 2025. Editorial Renacimiento

www.editorialrenacimiento.com
BUGANVILLA, 1 • 41907 VALENCINA DE LA CONCEPCIÓN (SEVILLA)
tel.: (+34) 955998232 • editorial@editorialrenacimiento.com

Diseño de cubierta: Equipo Renacimiento

DEPÓSITO LEGAL: SE 933-2025 • ISBN: 979-13-87552-70-1
Impreso en España • Printed in Spain

«Y no tienen culpa de esto los poetas que las componen, porque algunos hay de ellos que conocen muy bien en lo que yerran y saben extremadamente lo que deben hacer, pero, como las comedias se han hecho mercadería vendible, dicen, y dicen verdad, que los representantes no se las comprarían si no fuesen de aquel jaez; y, así, el poeta procura acomodarse con lo que el representante que le ha de pagar su obra le pide».

MIGUEL DE CERVANTES
Don Quijote,
Primera Parte, Capítulo XLVIII

«El amor es la actividad que se ha encomiado más. Los poetas, desde siempre, lo han ornado y pulido con sus instrumentos cosméticos, dotándolo de una extraña realidad abstracta, hasta el punto de que antes de sentirlo lo conocemos, lo estimamos y nos proponemos ejercitarlo, como un arte o un oficio».

JOSÉ ORTEGA Y GASSET,
Amor en Stendhal

DESDE LO ALTO DE UN ANDAMIO

DICES que tienes un novio poeta
y otro que es albañil.
Dices que uno te escribe versos
y que el otro te hace feliz.

Por eso me he subido a lo alto de un andamio,
por ver si cojo oficio
en eso que me falta y que yo ignoro.

Por ver si de esta forma,
escribiéndote versos desde aquí,
consigo que te olvides del otro
y que al final me quieras más a mí.

ALOCUCIÓN DE LAS NUEVAS
MARAVILLAS DEL MUNDO

DESDE hace un tiempo,
que mira tú por dónde coincide casualmente
con el día en que llegaste a mi vida,
las cosas vienen siendo muy distintas.

Desde hace un tiempo
la lavadora suena a Erik Satie
cuando la ropa gira dentro del tambor,
los cristales sugieren una belleza abstracta
si la lluvia los mancha
justo al día siguiente de haberlos limpiado
y el perro del vecino ladra con menos estridencia.

También el precio de alimentos básicos
como el pan, el aceite o el arroz
me parece el adecuado
y, aunque cambien la hora
y a las seis de la tarde sea de noche,
sigue la luz creciendo en esta casa.

Desde hace un tiempo, vida mía,
el mundo es un lugar más habitable.
Y no es que antes no me lo pareciera,
pues ando yo muy lejos
del turbio soniquete que acompaña
a catastrofistas y a nostálgicos,
a plañideros y a quejicas.

Sucede, cielo mío,
que desde hace un tiempo,
que mira tú por dónde coincide casualmente
con el día en que llegaste a mi vida,
veo el mundo a través de tu existencia.
Y como si de una revelación cosmológica se tratase

debo decir que una nueva armonía
reina entre los sucesos de este mundo.

Entre tú y mi concepción del universo.

LA DROGA

Hay más droga en tus ojos
que en la Cañada Real
y que en toda la costa de Galicia.

Sustancia de ebriedad son tus pupilas
y, con toda probabilidad de serlo,
un pobre desgraciado quien las mira.

CONTEMPLACIÓN DE LA ROSA

Desde que te conozco
las cosas ya no son solo las cosas,
sino que en una parte de ellas
habita una porción de tu existencia.

Estás en todo cuanto observo
y no sé si esta nueva forma de mirar
es pérdida o ganancia.

Si cuando la rosa miro
de la rosa se pierde una mitad
o si, por el contrario,
la rosa gana una parte del mundo
que a través de ti en ella penetra.

No sé si es pérdida o ganancia,
si suma o resta, si lucidez o ceguera.
Solo puedo decir
que si miro la rosa habitas dentro de ella
y que si miro el mundo
eres todas las cosas.

ALBACETE BALOMPIÉ

EXISTEN parejas cuyo amor
tiene un funcionamiento similar
a las fluctuaciones casi cuánticas
del Albacete Balompié.

Se mueven entre la ilusión y el desengaño
con una clara tendencia
a habitar la derrota
y a hacer de los niveles inferiores
el sencillo lugar de su existir.

Son parejas que, como el Alba,
juegan en la segunda división
del Ser y del entendimiento mutuo

—miran el móvil en el restaurante
y ella se va al gimnasio
más por dejar de verlo un par de horas
que por cuidar su físico—
pero que, al menos una vez por década,
ascienden a primera
y brillan en la división de honor
solo por reivindicar su existencia
y ponerse en contraste —asoma así la forma—
antes de descender
                    de nuevo
                              a su digno territorio.

Son parejas que juegan en segunda.
Nada quieren saber por mucho tiempo
de los designios fulgurantes
ni del consenso ajeno
que a coro entona aquello
de *míralos, parecen tan felices.*

Porque aceptar su sino es su belleza.
Y ser feliz a medias para siempre
también es una forma de estar vivo,
de mantener la llama
y de pagar facturas, lubinas e hipoteca.

TRES VECES SOBRE TI

Tres veces sobre ti
me estampé como el pájaro
que su cuello quiebra
al dar contra el cristal de una ventana.

A veces fui gorrión
y otras lavandera o carbonero,
pero siempre el mismo pardillo
que hizo crujir sus huesos
contra el muro que aparentaba ser
la pura transparencia abierta.

Tres veces sobre ti quebré mi cuello
y no descartaría
caer de nuevo en esa trampa.

Porque mi dolor no deja huella
sobre la superficie de tu engaño.
Porque, al igual que al pájaro,
me puede la inocencia
y no comprendo el muro
si al otro lado hay un camino
que invita a ser tomado
y claramente se me muestra.

DECÍA LOLA FLORES

Decía Lola Flores
que ella sabía bien cómo hay que amar
y también cómo debían amarla
para que ella así siguiera amando.

Hoy me escribes después de dos semanas
de ausencia y monosílabos.
Quizás te sientas sola
como sola se siente la gente en los domingos
con la familia lejos,
los amigos con hijos o resaca
y el perro en el sofá que no te basta.
Me escribes y te dejo en visto.
Porque, aunque todavía exista entre nosotros

un mínimo resquicio de deseo
y hermosos fueran los momentos
que a veces compartimos,
el silencio es ahora mi respuesta.

Porque a ratos me sigo acordando de ti,
pero me acuerdo más de Lola Flores.

PREMIO CERVANTES

Vengo de donde el balido de las cabras
se alza sobre la tapia del corral
y el canto del chorlito
resuena en las alturas de la noche.

Llevo en mi sangre y en mi oído interno
la lírica finísima
de una rueca aceitada
con néctar de azafrán y grasa de conejo.

No me avalan ministros de cultura,
ni gestores, ni críticos.
Tampoco se pregona
mi nombre en cambalaches,

suplementos, talleres literarios
o grandes auditorios.

Y, sin embargo, varias veces por semana
se me otorga el Premio Cervantes:
si bajo por Gran Vía de tu mano,
si besas mi mejilla –tratando de robar
una atención que no te doy
mientras observo un óleo de Messina–
o si te corres de gusto y aun así
me dices que la fiesta no ha acabado.

Si día a día estás –hecha de gracia–
donde el conocimiento y lo salvaje,
donde la picardía y la bondad
hacen su justo encuentro y su medida
y yo asisto asombrado a tal suceso,
entonces el gran premio está cumplido.
Cuelga de mi pecho la medalla
y el diploma más preciado
ya luce en las paredes de mi alma.

POESÍA DEL SILENCIO

EL contubernio debatía
sobre los niveles, características
y posibilidades del lenguaje.

Como la joven corza acorralada
entre el despeñadero y la jauría,
así creían ellos
estar cercando el límite
de la expresión poética.

Y de pronto te vieron,
que cruzabas la plaza
camino del gimnasio,
y en su mesa la cháchara
se transformó en silencio.

LA CONCIENCIA DEL LINCE IBÉRICO

Es importante para nuestro amor
la conciencia del lince ibérico.
Saber que mientras duermes a mi lado
o te veo morder una manzana
–y admiro el corte limpio que tus dientes
dejan sobre su pulpa–
existe un animal
que es la perla salvaje de nuestro ecosistema.

Es importante, amor,
entender que muy cerca de nosotros,
en los Montes de Toledo
y a apenas cien kilómetros de aquí,
habita el lince ibérico.

Importa porque tu iris y el del lince
están hechos de la misma materia.
Porque también su boca, cuando muerde,
deja un corte perfecto
sobre la piel vencida de sus presas.

[*EN LA CADENA DE ORO...*]

Eɴ la cadena de oro
que llevas en tu cuello
quisiera columpiarme yo esta noche.

Por estar cerca de tu corazón
y por sentir tu piel contra la mía.

Por que cada tonto que se arrime
vea un pájaro en un cepo

                    colgando de tu pecho.

UÑAS DE GEL

Son piezas afiladas
que engalanan las puntas de tus dedos.
Un ramo de navajas de carmín
que araña la epidermis
y claquetea en la impaciencia
de la burocracia y de su espera.

No tienen un fin práctico
y carecen de toda utilidad
que vaya más allá
de la simple belleza en la belleza.
Son las armas del tacto,
las garras de una puta refinada
que entorpecen tus labores cotidianas

cuando, por ejemplo, en el trabajo,
manipulas un texto del siglo XVII
o en casa te masturbas tumbada en el sofá
y te abres una lata de cerveza.

Al igual que en las tribus primitivas,
esta forma de adornar el cuerpo
—que es imitación de lo animal—
contiene en ti la ofrenda
de la unión con lo salvaje,
el tributo a una estirpe y a un origen
que asoma si se araña la epidermis.

EL HOMBRE DEL TIEMPO

La mujer del tiempo anuncia en la pantalla
borrascas por el norte del país
y un sol radiante al sur peninsular.

Al parecer, la meteorología
es una ciencia exacta –o muy próxima a serlo–
que adivina las lluvias torrenciales,
las tormentas eléctricas
y las olas de calor subsahariano.

Al igual que ella
yo también trazo gestos sobre un mapa.
Intento interpretar
tus palabras y tus silencios,

el timbre de tu voz
y hasta la forma de tocarte el pelo.

Y, aunque no entiendo nada
y casi nunca acierto,
estoy tranquilo aquí,
sentando frente al mar Mediterráneo
bebiéndome un daiquiri de sandía.
Porque al pensarte en la distancia sé
que tú también me piensas e interpretas.

Y que entre anticiclones y borrascas,
como el cielo y el mar, tú y yo,
somos los dos términos esenciales
de un mismo mundo indivisible.

EL DON DE LA SIESTA

Participar de un hecho subversivo,
si además se acompaña
de un alto porcentaje de placer,
puede ser una de las cumbres
del ser en rebelión.

Porque hoy es lunes, día laborable,
y aquí yacemos, amor mío,
que recién jadeantes y ahora en calma,
acompasamos la respiración
y nos dejamos ir en la inconsciencia,
mientras desde un despacho de caoba
un jefecillo inepto,
y medio calvo de tanto darle al Excel,
podría estar reclamando nuestra productividad.

Activo el modo vuelo
para ser el no ser contigo en la penumbra
y, oliendo tu melena, rezo
por que sigan volando las torcaces
en los parques de España a la hora de la siesta.
Por que vuelen también
partículas de polvo tras el polvo,
y es que polvo seremos,
mas polvo enamorado
—Quevedo me lo dijo la otra noche—
nosotros y tu jefe, el sueño y las estrellas.

EL BOSQUE DISONANTE

Nos queríamos mucho,
pero tú eras más alta
y eso no era bien visto
ni por la sociedad ni por tu gato,
que orinaba a mis pies
al mínimo descuido
manifestando así su desaprobación.

Por un simple resorte primitivo
así actuamos hombres y mujeres
–incluso las más progresistas–
que aunque encontremos almas
con las que conjugar en lo más hondo
del ser y la palabra
rechazamos al cuerpo por su altura.

Más alto que la hembra ha de ser el macho.
Es curiosa esta norma
que se mantiene en tiempos del grafeno
y de la inteligencia artificial.

Son muchas las historias
que por unos centímetros
conforman el bosque disonante
de los amores no nacidos, rotos,
abandonados o ridículos.

Porque el amor, al parecer,
no es solo una cuestión del alma,
sino también de calcio,
proporción, geometría y escala.

LO QUE DURA UN BESO

En lo que dura un beso
salta una palomita de maíz,
un halcón parte en dos a un estornino
y en espiral desciende, hasta la tierra,
la semilla de un arce
que será vida nueva cuando el invierno acabe.

En lo que dura un beso, vida mía,
la sobredosis mata
a un yonqui en el Ensanche de Vallecas,
nacen cien niños en el mundo
y el presidente del Gobierno
se rasca la cabeza
pensando en el color de su corbata.

En lo que dura un beso
podría reventar este planeta
o darnos un infarto
(a la vez y sería hermoso
morir de esa manera).
Pero si tú me besas, amor mío,
se hará un túnel de tiempo
más allá del tiempo y del espacio.
Y el presidente del Gobierno
—que anda un tanto indeciso
entre el morado y el azul—
tendrá la eternidad para elegir corbata
y seguir rascándose la cabeza.

JOËL DICKER

Seleccionas, corriges y defines
los escritos de grandes superventas
que llegan a millones de lectores,
hacen giras mundiales
y colman auditorios en ferias importantes
como la de Frankfurt o Guadalajara.

También van a la feria del Retiro
y allí firman quinientos ejemplares
en una mañana,
mientras las moscas liban el néctar de su éxito
y la gente hace cola durante horas
para ser bendecida con su autógrafo.

Corriges y defines sus escritos.
Les cambias una coma,
suprimes algún párrafo
o sugieres mejoras de estilo y contenido.

Percibes tanto la belleza
como la inteligencia en cuanto te rodea
porque tú misma
formas parte de ambos parámetros.

Conoces esa fórmula
que conduce a la síntesis perfecta
y al enlace entre el texto y el lector.

Por ello aquí te escribo este poema,
para que tú me leas y me digas
qué coma he de cambiar
o qué palabra debo suprimir,
no para ganar en lectores
sino para llegar a ti de nuevo,
que hace ya un tiempo que me ignoras,

que me dejas en visto
y que ya no me cuentas
lo infeliz que te hacía tu exmarido.

A UNA BARRENDERA DE ARGÜELLES

Desde el balcón de casa,
cada mañana,
espero a que aparezcas por la esquina
con tu traje amarillo fosforito
y el carro en el que llevas el cubo de basura.

Barres mi calle cada día
y observo el pendular de tu coleta
mientras te afanas en quitar colillas,
papeles, hojas secas,
y alguna que otra mierda de yorkshire.
Barres mi calle cada día,
y algo de mí te llevas
cuando cruzas la esquina
y te vas a la siguiente acera.

Por ello, y a pesar del bienestar
que en este hogar dispongo,
hay mañanas en las que anhelo
ser la mierda de Toby
o la colilla de Marlboro
que un viejo calvo acaba de arrojar al suelo.

Porque me gustaría
cruzar contigo la siguiente esquina,
desplazarme en la gracia de tu inercia
–financiada por el ayuntamiento–
honrarte entre despojos
y hacer también así que la basura,
como materia de un corazón vivo,
latiera para amarte.

[DEBAJO DE UN MAGNOLIO...]

DEBAJO de un magnolio
te has sentado a esperarla
bebiéndote una lata de cerveza.

A la noche las latas eran siete
y una flor, que era blanca,
abría su capullo coronando tu cabeza.

CARTIER SANTOS
(AUTOMATIC SWISS MADE)

Va cayendo tu ropa
sobre la alfombra de la habitación.

Despojada de todo,
sin más prenda ni adorno
que ese reloj que brilla en tu muñeca,
vienes a mí desnuda por completo.

Te acercas y me dices
que tu Cartier es de carga automática
y que es el movimiento de tu cuerpo,
la inercia de tu brazo,
lo que le da la cuerda
por medio de un rotor interno.

Prefieres no quitártelo, me dices,
porque mientras se irá cargando
y así, cuando vuelvas a mirar la hora,
serán las mismas doce horas de siempre,
pero el tiempo será distinto.

Será un tiempo más pleno
y más en consonancia con la vida.
Revindicas tu parte de placer
en un mundo en el que el dolor
te resulta evidente, me dices,
mientras te acercas desnuda por completo.

UN TROZO DE POLLO CONGELADO

Como el trozo de pollo congelado
que esta mañana se precipitó
sobre las baldosas de la cocina,
así es tu corazón
al entrar en contacto con el mío.

Hay un chasquido seco
y astillas de carne ultracongelada
en nuestras ya escasas conversaciones.

Un plástico de indiferencia
envuelve cada gesto y cada frase.
Y sin embargo aquí seguimos,
quizás porque sabemos
que el pollo es la carne democrática.

Tenemos fe en el pollo
y, como él, nos entregamos
a los fuegos domésticos.

Ardemos lentamente
en la costumbre
de algo que nos resulta barato y familiar.

MUJER EN EL BAÑO

Te espío cuando sales de la ducha:
tu piel untada en crema de caléndula,
frente al espejo el rostro
y gotas de agua tibia
que caen desde tu pelo hacia la espalda,
lo mismo que el rocío
resbala en la mañana
por las hojas de una adelfa.

En un rincón del baño, sobre el suelo,
reposa la toalla hecha un harapo
y por el sumidero
todavía la espuma
se adentra en espiral
hacia el sueño de las depuradoras.

Escenas similares
pintaron Boucher, Corot o Lichtenstein.

No requiere pigmentos mi paleta.
Con solo tu piel blanca, tu presencia
y la gota que cae sobre tu espalda,
el lienzo queda escrito
lo mismo que el reflejo de las nubes
sobre la superficie de las charcas.

LA MIRADA PERIFÉRICA

Escucho el sonido de los tacones
que sustentan el cuerpo
que en nada ha de pasar a nuestro lado.

Me digo que no debo
levantar las narices ni del libro
ni del café sobre la mesa.
Me concentro en la prosa de Annie Ernaux,
en la mujer que tengo frente a mí
leyendo un suplemento de cultura
y trato de no alzar la vista
buscando el taconeo
que anuncia un más allá.

Y lo intento pero no me es posible
porque, a pesar de los esfuerzos, miro.
Y tú me ves mirar y nada dices,
discreta sigues a lo tuyo,
porque hace ya tiempo que tú también
te has dado a la mirada periférica.

Y te veo mirar y nada digo,
y nos vemos, amor, y dime lo que somos.

DELEGACIÓN DE CULTURA

Estamos tonteando por las redes.
Tú eres la Delegada de Cultura
en el Ayuntamiento de Madrid
y yo soy un intento de escritor
que, poco a poco,
va ganando respeto literario
y perdiendo su dinero en alquileres.

Tú no lo sabes, pero yo ya sé
—aunque me hayas pasado tu teléfono
y me hables en términos de confianza—
que pronto dejaré de hacerte gracia.
Y entonces para mí
volverá la cultura a ser lo de antes.

La cultura sin más:
un listado de nombres propios
–ilustres y fantoches–
actos públicos y solemnidades
que pierde su atractivo
sin el verde susurro de tus ojos.

TYRANNOSAURUS REX

Si la forma de nuestro amor
—por un capricho de las leyes físicas—
se materializara en un objeto,
debería ser algo similar
a un fósil de Tyrannosaurus Rex,
que es algo así como el origen
de la forma concreta
y que además es grande, natural
y digno de acabar en un museo.

Siempre estuvo el Tyrannosaurus Rex
refugiado en su nicho de materia,
como este amor también ya estaba
en la basta inconsciencia de los tiempos
pululando por ahí a nuestra espera.

Ya estaba, como digo, el Tyrannosaurus
cuando el hacha y el sílex,
cuando la rueda y el primer espejo,
cuando los egipcios picaban piedra
y no tenían radio
y luego ya más tarde sí las hubo
y otros picaron piedra al ritmo de la música
que hubiera en su momento.

Cuando triglifos y metopas
adornaban capiteles en Grecia,
cuando Siddhartha y Cristo
soltaban sus discursos,
y cuando las caballerías tronchaban su osamenta
en los campos de Europa
bajo las órdenes de reyes obesos,
afectados de gota
y vestidos de blanco armiño.
Cuando nació el psicoanálisis,
internet o el exprimidor eléctrico
estaba ya el Tyrannosaurus Rex.

También cuando el Dépor ganó la liga
o el volcán de La Palma entraba en erupción.

Estaba siempre y lo seguirá estando,
igual que nuestro amor,
porque somos también, nosotros dos,
la concrección del universo,
la parte objetivada del azar absoluto
y la energía cósmica
que acabará brillando en nuestros huesos.

CALLE LAGASCA

En mi última visita a tu loft de Lagasca
te dejé dibujado un corazón
sobre el polvo que anida en tu cocina.

Hoy al volver, varios días más tarde,
observo que además has añadido
una polla con alas, un gato y una estrella.
Son tus dotes artísticas,
primarias e intuitivas,
que, como en las paredes de Altamira,
asoman sobre el polvo
acumulado en tu encimera.

Por eso a veces me pregunto
qué es lo que retiene en un despacho,
sumergido entre cifras, acciones y algoritmos,
a un ser que, como tú,
ajeno a la materia,
es capaz de alimentarse del aire
y de inventar un mundo
donde solo el poso del tiempo habita.

LA BATALLA DEL EBRO

ALGO noté distinto la otra noche.
Una cierta dureza contenida,
nunca antes expresada, que se manifestó
en tu manera de follar conmigo.

Fue al subir a tu apartamento,
tras la cena en la que por primera vez
intercambiamos nuestros pareceres
sobre asuntos sociales y políticos,
y en la que un camarero
hubo de llamarnos al orden.

Nos vamos conociendo poco a poco,
y ya va quedando bastante claro

que nunca estaremos de acuerdo
en temas como impuestos, ley de vivienda,
inmigración, cultura o sanidad.

Sin embargo en otros temas,
por no sé qué primario instinto de batalla
que esconde el hipotálamo,
parece que ya empezamos a entendernos.

Cosa que ahora me hace recordar
un verso de Miguel Hernández
—aquí con el fusil tu nombre invoco y fijo—
cada vez que me escribes
y que tu nombre aparece
vibrando en la pantalla de mi móvil.

EL VIDENTE

A casi todo el mundo le sucede.

Aparece en el metro
y por su figura, gesto y estilo
lo sabes al instante:
podría ser la mujer de tu vida.

Luego se comparte vagón
durante varias estaciones
y, en una de ellas, el encuentro
se acaba para siempre.

No volveréis a veros nunca más.
A casi todo el mundo le sucede,

no es nada extraordinario.
Pero hoy, a la vuelta del psiquiatra,
ni yo era todo el mundo
ni tú eras otra cosa que mi vida.

ERA EL VERANO

Era el verano y lo supe después,
cuando los días se hicieron más cortos
y el frío del invierno
me hizo añorar las tardes infinitas de julio,
su aroma de Nivea
y la espuma blanca de los días
que rebosa en las copas de cerveza.

Eras tú, y también lo supe más tarde,
cuando el soporte químico
de una pasión novedosa y pasajera
se esfumó por completo,
y un silencio insulso mostró su rostro
en tardes de chaise longue y teleseries.

Era el verano y eras tú,
y lo supe después.
Lo primero me importó poco
y lo segundo es algo
que persiste en mi nómina de daños.
Porque el verano siempre vuelve,
pero tú me olvidaste
y, sin un carácter estacional,
convencida, te fuiste para siempre.

BEZOYA

Fue a principios de mayo
en una histórica ciudad del sur.

Antes de comenzar con el debate
la chica de ojos claros
dejó sobre mi puesto, al lado del micrófono,
una botella de agua y una copa.

Más tarde, durante la lectura,
controlaba la puerta de acceso al auditorio.
Su gesto era sereno y divertido,
también tocado de elegancia.
En aquel momento la imaginé
estudiante de hispánicas
o iniciando su tesis doctoral.

A la noche, sus ojos que eran claros,
seguían siendo claros.
Más claros todavía.
Y entre el faranduleo literario
tras la cena que la organización
había predispuesto
pude advertir su cuerpo y su presencia,
la estatura perfecta
y un alma singular. No había duda.

Aquel día la estrella
fue un octogenario Premio Pulitzer.
No recuerdo su nombre.
Tampoco supe nunca el de la chica.
De aquellas dos jornadas
apenas soy capaz de recordar
sus ojos y sus manos
dejando frente a mí
la botella de plástico con agua mineral.

Mantengo en la memoria
un gesto cotidiano. Una sed insaciable.

La palabra Bezoya
que fulge para siempre en mi recuerdo,
señora de un instante.

UNA LUZ CENITAL

Quizás iluminado como un buda
o quizás medio muerto.
También puede que un ovni
de los que abducen al tonto del pueblo
y lo devuelven luego al mundo
envuelto con un manto de locura.

Dime, amor, si tú sabes
hacia dónde me lleva
esta luz que florece en el espacio
mientras estoy tumbado sobre el lecho
y que hace unos segundos eras tú
—tu melena, tus tetas y tu rostro—
y que ahora es solo luz rompiendo el universo.

Quizás oxitocina y dopamina,
también podría ser
el canto celestial de una galaxia
o ¿acaso me he dejado el gas abierto?

Dime, amor, si tú sabes,
si también vienes, si espero y vamos juntos,
si Iberdrola nos pasará factura
por tan alto consumo de energía.

Quizás oxitocina y dopamina.
Quizás un canto celestial.
Quizás la luz, la muerte, tú. Sí.

8.000.000.000

Hoy la prensa mundial afirma que ya somos
más de 8.000 millones de habitantes
en el planeta Tierra.

Habitantes que somos –yo también
me incluyo porque habito
a mi manera el mundo–
un diverso compendio
de cuerpos, fuerzas y psicologías,
que es un multiplicar en lo barroco
el algoritmo de la humanidad.
Por eso forma parte del milagro,
del milagro, quizás, de la existencia,
que de tal escombrera de personas,

a veces, dos decidan unirse para siempre
dejando a los demás desdibujados
como simples palmeros o fondo de paisaje.

Porque solo son dos
y quedan tantos miles de millones.

Porque mira que es grande este planeta,
pero es que algunas veces se da el caso
de que mucho más grande es un amor
y entre dos
se llega a generar un universo.

AMORFOSINTAXIS

ME escribes mensajes
con una ortografía desastrosa.

En ellos me cuentas que stas knsada
y q stos dias tiens muxo lio.
Me dices q me kieres,
que haber si l finde yega ya
y las ganas q tiens d piyarme.

Yo te leo y, bajo un asombro inmenso,
me pregunto de dónde nace este amor
que ignora por completo
toda la normativa de la RAE.

Este amor nuestro que vive más allá
de toda ortografía o de gramática
y en el que para nada me interesan
los preceptos lingüísticos
con los que brego cada día.

Este amor q no sabe ni el komo, ni el xq.
Tampoco l kuando o l adonde.
Amor en lq stamos,
y en lq ns vamos djando ir
y en lq simplemnte somos.

CANDELA

Entre tu casa y la mía está el Candela.

Desde la medianoche
y hasta el amanecer
allí la gente baila, bebe y muere
consumiendo sustancias ilegales
y vatios de sonido
que hacen vibrar el tímpano y el alma.

De camino a tu casa,
o de vuelta a la mía,
nunca cruzo la puerta del Candela.
Para morir me basta con saber
que el día que te alejes de mi lado
acabaré comido por la pena.

AMAR EN PUERTO HURRACO

AMARTE es como andar por Puerto Hurraco
una tarde de agosto de 1990.
Porque entrañas peligro
y habita en ti la España más salvaje.
Esa que en ocasiones
asoma desde dentro de tus ojos
como el negro cañón de una escopeta.

Amarte, a veces, es como andar
por las calles violentadas de un pueblo
que se estremece entre cartuchos, sangre,
sillas frente a fachadas encaladas,
columpios destronados y vespinos.

Amarte es a ratos
la posibilidad del daño y del desastre.
Y sin embargo aquí seguimos
el uno junto al otro,
también serenos, vivos y confiados,
mientras tus ojos me recuerdan
aquello que un sabio alemán
–cargado de razón y de belleza–
escribió poco antes
de perder su cordura por completo:
que *allí donde habita el peligro*
crece también lo que nos salva.

UNA ODA TRISTE A TU NARIZ

Más que de tu persona en su conjunto
se podría afirmar
que yo me enamoré de tu nariz,
o que esa acción de enamorarme
del resto de elementos que ahora admiro
se produjo a través de tu nariz.

De tu nariz curvada y aguileña
que por culpa de modas
y decretos de estilo,
faltos de todo gusto y de carisma,
ahora pierde su singularidad
en las manos de un cirujano
con la piel bronceada en las playas de Ibiza
y un vulgar Panamera en el garaje.

Hoy me despido para siempre
de aquella curva pronunciada
que tan feliz me hizo
y en cuyo tenso ángulo
se pronunciaba también mi deseo.

Ajena a mis lamentos
entras al quirófano para acabar con ella.
Y en realidad con lo que acabas
no es solo con la forma singular de tu nariz,
sino con una forma de habitar este mundo
que voy echando en falta poco a poco.

Porque también la vida
se me va haciendo triste y aburrida
cuando las cosas
–por no sé qué servil inercia–
se van volviendo rectas,
comunes y algo respingonas.

COLÁGENO

Ella toma pastillas de colágeno.
Dice que esta sustancia
le ha cambiado la vida.
Que su cabello luce más brillante
y que ahora sus articulaciones
responden y flexionan
con la gracilidad de un lince ibérico.

Su vida es más elástica
desde que toma colágeno.

Sin embargo, sigue igual de firme
en algunas cosas
que en nada cambian:

todavía, en el negro de sus ojos,
aúllan las galaxias su misterio
y mantiene la fiel costumbre
de olvidarse de lo nuestro
cada vez que la invitan a una fiesta
o cuando el invierno acaba.

COMO PERROS

Cuando era niño,
en las calles del pueblo,
aparecían perros
que de alguna manera extraordinaria
acababan soldados tras la cópula.

Unidos por sus sexos
como siameses del placer
era necesario que algún vecino
acudiera a su auxilio
armado con el palo de la escoba
o cualquier herramienta similar.
Por eso a veces, cielo mío,
pienso en nosotros dos al recordar la escena

y barajo posibilidades
sobre quién acudiría a nuestro auxilio
si tal cosa nos sucede.

Quizás sea tu madre o puede que la mía.
Tal vez una patrulla de la Guardia Civil,
el vecino del quinto, un médico de guardia
o puede que un agente forestal.

Podría ser cualquiera,
pero, sea quien sea, solo espero
que el golpe sea certero y que no duela.
Que si es tu madre no se asuste
y, si es la mía, que de seguro se escandalizará,
que llame al cura o al herrero,
o que vaya al notario
y si es su decisión me desherede,
pero que así nos deje para siempre.

KABUKI

Me han visto por las calles
vendiendo mis primeras ediciones
para invitarte a cenar en el Kabuki.

Son libros acarosos
de Alberti o Valle-Inclán,
de Luis Cernuda o de Manuel Machado
(el del Claudio ni loco).
Historia de las Letras Españolas
que sigue cotizando al alza
y por los que me han dado un pastizal.

Ahora que por fin tengo ya el dinero
tú no quieres venir.

Me dejas triste y solo, como siempre,
a las puertas del Wellington.

Y, mientras tanto, todos se preguntan
cómo has podido hacer
de una prometedora carrera literaria
la sinrazón de un pobre tonto
que, a pesar de tu indiferencia,
no deja de bailarte el agua.

COMO EL JILGUERO Y LA CALANDRIA

Como el jilguero y la calandria,
que cambian el color de su plumaje
con las distintas estaciones del año,
así también sucede
cuando te bajas a la plaza
vistiendo cada día
combinaciones nuevas con tu ropa.

Con el amarillo de tus Ray-Ban,
el blanco en tu camisa de Loewe,
el azul en tus shorts de Bimba y Lola,
o el rosa de tus chanclas de Lacoste.
Como el jilguero y la calandria
que la naturaleza pinta de alegría

cuando la primavera se aproxima,
así te vistes tú
cada vez que sales por la puerta
y te bajas al parque o a la plaza.

Te llevas tras de ti
el campo y sus colores,
la luz y las miradas, el vuelo y todo el canto
que los pájaros al mundo le regalan.

LOVECRAFTIANA

Yo no te pedí que me lo contaras
y sin embargo ahora ya sé
que una noche, bajo tu cuerpo,
una mesa quebró una de sus patas
cuando alguien te invitó a su restaurante
y tras de ti bajó la persiana.

Tampoco tú me lo pediste,
pero ahora ya sabes de qué manera
esos vecinos daban golpes en el techo,
creo que con el palo de la escoba,
porque eran siestas y noches enteras
en las que no tenían manera de dormir.

También, y gracias a tus dotes narrativas,
ya sé cómo la espiga de la avena
se vence con el peso de los cuerpos
y cómo es el rostro de un niño
que de pronto se encuentra sorprendido
por la cara más sucia del amor.

Es el anecdotario de lo impuro.
La nómina de cuerpos y de rostros
que al principio, y de manera inocente,
salían a la luz de una confianza ciega
y que ahora, cuando menos los esperamos,
–quizás mientras leemos
tranquilamente en el salón
o echamos un vermut con los amigos–
son sombras que llaman a la puerta,
que envían un mensaje
o que nos gritan al oído
reclamando su parte de pasado.

ACUÉRDATE AMOR MÍO

Acuérdate, amor mío,
de que quisiera ver muertos
a todos tus amantes
—los pasados, presentes y futuros—
y, si es posible, que antes de ello
sufrieran más que todo el santoral
de la hagiografía cristiana.

Acuérdate, amor mío,
de no mezclar lejía y amoniaco,
de evitar el exceso de sal en las comidas
y de apagar la luz cuando te vayas.

UN NO DEFINITIVO

Era fácil soltar un *no* definitivo
en una tarde de clarividencia
o bien al despertar de un nuevo día,
junto al café y al pan de las tostadas
que, integral, espera a ser ungido
con aceite de oliva virgen extra.

Era una sola sílaba
que decidiste ahorrarte y no decir
para jugar así a la ambigüedad
de una esperanza al aire
y de un tontaina en ciernes.

Era fácil soltar un *no* definitivo
–un solo golpe de aire

y una vocal abierta—
pero ese año las cosechas fueron malas,
tu madre fue operada de la espalda
y cuánto frío aquel invierno.

JUNTO A MI VERA

Que me rajen los moros si eso quieren
por decir que la Meca es tu existencia,
que no hay ni más alá, ni alé, ni aló
que el verte caminar junto a mi vera.

Que Jesucristo baje de la cruz
también si le apetece
para explicarme aquello del amor,
del amor verdadero del cristiano,
su Santísima Trinidad
y todos sus valores y milagros.
Que me cuenten sus cuentos
que de nada me sirven.

Porque no quiero estar en otra fe
más allá del perfil de tus clavículas.
Porque yo sé bien, y por eso lo canto,
que no existe otro amor o religión
que el verte caminar junto a mi vera.

WITTGENSTEIN ENAMORADO

Nací en el mundo
y a través del lenguaje
—mi verdadera madre—
fue el mundo construyéndose ante mí.

Después cantó la alondra,
temblaron las palabras
y acabó el verbo por quedarse en nada
la tarde en que te conocí.

«Lo digo a mi pesar. No toques a los poetas que escriben sobre el amor. Yo mismo, contrario a mi naturaleza, proscribo aquí mi propio talento».

OVIDIO, *Arte de amar*

«La persona de experiencia limitada está siempre expuesta a dejarse embaucar por la falsificación o por el artículo adulterado; y así vemos generación tras generación de lectores bisoños engañarse con lo ficticio y adulterado de su propia época, prefiriéndolo, incluso, por ser más fácilmente asimilable, al producto genuino».

T. S. ELIOT, *Función de la poesía y función de la crítica*, 1939

«No es cuestión de bueno o malo. Hay una cosa que es evidente: hay un caviar que puede ser mejor que otro, o unos garbanzos que son mejores y otros peores. Por lo tanto, hay una música, también, que es mejor que las demás. ¿Cuál es?, pues la que gusta a la mayoría. Yo no hago cosas sin calidad. No sé hacerlas».

JULIO IGLESIAS, *Entre el cielo y el infierno*, 1981

ÍNDICE

Premio Cervantes
de Constantino Molina
salió de la imprenta el
13 de mayo de 2025